LA VIDA,
UNA PREGUNTA Y UNA RESPUESTA

JUAN WILSON

LA VIDA,
UNA PREGUNTA
Y UNA RESPUESTA

2.ª edición

EDICIONES PAULINAS

© Ediciones Paulinas 1983 (Protasio Gómez, 13-15. 28027 Madrid)
© Ediçoes Paulinas. São Paulo 1981

Título original: *A vida é uma pregunta e uma resposta*
Traducido por *Teófilo Pérez*

Fotocomposición: Marasán, S. A. Juan del Risco, 9. 28039 Madrid
Impreso en Artes Gráficas Gar.Vi. Humanes (Madrid)
ISBN: 84-285-0916-6
Depósito legal: M. 13.929-1985
Impreso en España. Printed in Spain

Presentación

Este libro, escrito en lenguaje sencillo y agradable, tiene este noble objetivo: ayudarte a vivir y a convivir en paz y armonía. Intentar un reencuentro contigo mismo. Una revisión de tus propias actitudes, para desenmascarar, dentro de ti, si fuera necesario, los preconceptos estériles y descubrir los propios fallos y las contradicciones internas. Porque muchas veces residen ahí las raíces de nuestros males.

Intenta también ayudarte a tomar una postura ante el Universo, del que forma parte la criatura humana que en él encuentra espacio para realizar el propio proyecto de vida. Nadie se realiza solo. Cada uno está llamado a participar y comprometerse en la construcción de una sociedad justa, fraternal, humana y solidaria, donde la dignidad de la persona sea respetada. "Ninguna obra duradera y verdaderamente humana es posible si no está hecha por todos, con la colaboración de todas las fuerzas vivas de la sociedad, en el intercambio de todos los hombres y mujeres sin distinción de rangos sociales o de situaciones económicas" (Juan Pablo II).

La vida, una pregunta y una respuesta, habla, en fin, de en qué consiste estar en comunión con Dios. Amar es, en resumidas cuentas, un acto liberador.

Tienes, pues, en tus manos un libro personal, interpelador y realista, que te trae una palabra de ánimo y de esperanza cristiana para que no te sientas, como tantas veces, solitario y deshermanado.

1.

Reencontrarte contigo mismo

La vida es una pregunta

Yo soy una pregunta. Mi cabeza es un punto interrogativo. Soy una interrogante que camina por la vida. Veo, y me interrogo. Escucho, y surge un ¿por qué? Siento, y las sensaciones son una interrogación.

La vida es una pregunta.
¿De dónde vengo?
¿Qué hago en este mundo?
¿Por qué existo?
¿A dónde se encamina mi vida?

¿Por qué nací? ¿Por qué tengo que morir?
¿Qué habrá después de la muerte? ¿Por qué nací en esta familia y no en otra de mejor posición? ¿Por qué nací, si yo no lo pedí ni escogí el sexo ni elegí la familia?

¿Por qué me impusieron vivir?
¿Por qué unos son felices y otros no?
¿Unos pobres y otros ricos?
¿Unos alegres y otros tristes?
¿Unos perfectos físicamente y otros enfermos?

¿Por qué existe el sufrimiento? ¿Tiene sentido el que un niño sufra? ¿Tiene sentido que un viejo siga viviendo? Nacer contrahecho ¿no es una injusticia? Sufrir sin culpa ¿no es una injusticia?

¿Por qué existen la tristeza,
la angustia, el dolor, la ansiedad?
¿Por qué unos están alegres y otros tristes?
¿No somos todos iguales?
¿Tiene sentido pasarse sufriendo toda la vida?
¿Tiene sentido el duro trabajo de todos los días?

¿Por qué esa monotonía sin fin: levantarse, trabajar, dormir, comer y cada día repetir las mismas cosas y en ellas enojarnos, maldecirnos y maldecir a quien nos hizo así?

¿Por qué hay personas que luchan para ser justas, y sufren tremendamente?

¿Y por qué otras que viven una vida totalmente equivocada parecen tener una tranquilidad y un bienestar inmerecidos?

¿Es justo este mundo?
¿Es cabal este mundo?
¿No habrá sido creado con un cálculo errado?
¿Es justo el Dios que ha hecho tanto desacierto?
¿No es el hombre un payaso
en el escenario del mundo?

¿Por qué esa mezcolanza de justicia e injusticia, de bien y de mal,
de verdad y de error,
de vida y de muerte,
de felicidad y de desdicha,
de cielo y de infierno?

Mucho se habla de la felicidad, pero ¿dónde se la encuentra?

Se habla de paz, ¿y por qué los hombres viven en guerra? ¿Por qué los hombres se detestan y se destruyen? ¿Por qué viven inventando armas para matar? ¿Es el hombre, por naturaleza, enemigo del hombre? ¿Por qué se despilfarra en armas, cuando hay personas que mueren de hambre?

¿No será la vida un montón de palabras vacías? ¿No estarán los hombres engañándose a sí mismos unos a otros?

¿Por qué el hombre nunca está satisfecho? ¿Pero habrá algo que satisfaga al hombre? ¿Habrá respuestas que contenten las preguntas del corazón del hombre:

preguntas de paz,
preguntas de armonía,
preguntas de tranquilidad?

¿O será todo una ilusión, una ilusión fantástica y nada más?

¿Por qué la juventud, que tanto nos gusta, pasa tan aprisa?

¿Por qué se brega para tener casa y las comodidades necesarias para vivir, si la muerte nos deja de nuevo con las manos vacías?

¿Por qué esa ansiedad por poseer a las personas, por apropiárnoslas, si aun después de tenerlas no lo tenemos todo?

¿Por qué la llamada del sexo es tan fuerte, por qué todos buscan la satisfacción sexual, si en la mayoría de los casos, una vez satisfecho ese apetito, sigue dejándonos el corazón vacío?

¿Por qué las personas se desean, se buscan? ¿Por qué no son capaces de vivir solas? ¿Cuál es el camino del corazón del hombre? Ese camino, ¿tendrá un punto de llegada? ¿O la vida es un absurdo?

¿Tiene sentido la vida? ¿Tiene una orientación la vida? ¿Tiene un punto de llegada? ¿Qué sesgo hay que tomar para andar por la vida?

La vida es una respuesta

Soy un ser responsable. Tengo que ser un ser responsable. En mí están las respuestas. Y en la medida en que voy *respondiendo* a las preguntas de la vida voy haciéndome *responsable*. Toda pregunta conlleva dentro de sí la posibilidad de una respuesta, pues la vida es al mismo tiempo una pregunta y una respuesta.

Por eso es necesaria una búsqueda, es necesario un esfuerzo personal para encontrar las respuestas a través de

la reflexión sobre la vida,
la observación de los hechos,
la lectura bien escogida,
la conversación constructiva.

Es mucho más fácil preguntar. Es más cómodo. Resulta más difícil el buscar respuestas, o dárselas a uno mismo y a los que nos rodean. La respuesta requiere reflexión y tiempo; requiere, sobre todo, mucha humildad y sencillez ante la vida.

Responder o, mejor, intentar responder a las preguntas de la vida es lo que trata de hacer esta mi reflexión personal. Más aún, responder a las preguntas de la vida es caminar en la realización personal, es adelantar en la perfección.

13

Morir haciendo preguntas es morir irrealizados. Llegar al final de la vida con una tira de preguntas sin respuesta es haber caminado al margen de la vida, o haber vivido superficialmente.

Vamos a caminar juntos buscando esas respuestas.

Nacemos marcados

Nadie es al nacer una hoja en blanco.
Nadie nace libre del influjo del mundo que le rodea.
La familia escribe en la hoja blanca de nuestra vida.

Escribe la madre
    con su manera de ser,
    con su manera de pensar,
    con su manera de reaccionar,
    con su manera de amar o desamar,
    con su manera de querer o no querer,
    con su paz o su desavenencia,
    con su tranquilidad o su ansiedad,
    con su equilibrio o su desequilibrio,
    con su salud o su enfermedad...

Escribe el padre
    con su bondad o su agresividad,
    con su atención o su despreocupación,
    con su paternidad responsable o irresponsable,
    con su presencia o su ausencia,
    con su entrega o su incompromiso...

Y luego los hermanos, el abuelo, la abuela, las personas más allegadas de la familia, con su manera de ser y de pensar, van escribiendo en esa hoja blanca del niño que está formándose en el cuerpo de la mamá o que

toma contacto con la realidad externa en sus primeros
días.

> Y también esa misma realidad externa, con
> las noticias de cada día,
> las imágenes que causan impresión,
> los hechos que se comentan,
> todo el ambiente global:
> casa, calle, ciudad, mundo...

Cuando nacemos, estamos ya marcados por el mundo que nos rodea. Tanto por las cosas buenas y alegres como por las negativas y tristes.

No somos solamente el *yo*. Somos también el mundo que nos envuelve.

El mundo
nos ha sido impuesto

Nacemos, y nada podemos rehusar. Son otros quienes dibujan, diseñan, garabatean y proyectan sobre el papel de nuestra vida. Nos echan flores y, al mismo tiempo, espinas. Nos besan y, a la vez, recibimos miradas de desprecio. Cuentan verdades y mentiras a nuestro respecto. ¡Y a todo eso somos incapaces de decir que no!

Somos unos oídos que todo lo oyen y reciben,
unos ojos que todo lo ven y fotografían,
una sensibilidad que todo lo nota y registra
en la película de la vida.

Todo lo que llega es bien recibido. No tenemos capacidad para escoger, y nada podemos rehusar. Somos plena acogida. A todo decimos que sí. Y todo lo que entra en nosotros a través de los sentidos lo guardamos como bagaje para la vida. Un bagaje que no podemos seleccionar ni escoger.

La familia impone un mundo:

Un mundo de costumbres:
creencias o verdades,
miedos o seguridad,

17

conflictos o armonía,
satisfacción o insatisfacción,
irreligiosidad o religión,
tabúes o sencillez,
disgusto de vivir o alegría de vivir...

Un mundo de conceptos:
bien y mal,
verdad y mentira,
exactitud y error,
hermosura y fealdad,
amor y odio,
fraternidad y guerra,
confianza y desconfianza...

Un mundo de valores:
Dios,
vida,
persona,
familia,
sociedad,
sexo,
dinero...

La verdad es que hasta nuestro propio nombre nos es impuesto. Ninguno de nosotros ha tenido libertad para escogerse la familia que quería, los hermanos o el número de hermanos, ni el color de los ojos y, mucho menos, los rasgos de nuestro rostro, ni el color de nuestra piel o de nuestro pelo y, mucho menos, la forma de nuestro cuerpo. ¿Y quién ha podido escoger el sexo? Yo no he escogido ser hombre o mujer.

Un mundo nos cayó encima.

Un mundo que es mezcla de bien y de mal, un mundo agradable y disgustoso al mismo tiempo, un mundo de verdad y de mentira, un mundo de hombres y de mujeres en el que no todos se aceptan siendo hom-

bres o mujeres. En esta mezcolanza crecemos. En esta mezcla formamos nuestro cuerpo y nuestra mente, nuestras emociones y el conjunto de nuestra vida.

Somos la suma y el resultado de costumbres, de conceptos, de valores, de creencias, de acontecimientos de un mundo que nos concibió y nos hizo crecer.

Yo soy el mundo donde nací.

¿Cómo voy a reaccionar ante ese mundo?

Aceptación o rechazo

Llegó el momento de escoger. Puedo decir *sí* o *no* a mi pasado. Es un momento importante y decisivo. Los otros me hicieron nacer y crecer. Ahora es el momento de mi nacimiento personal, de mi crecimiento libre y responsable.

Es el momento de escoger. El momento en que se puede pensar con la propia cabeza, sin esperar que otros piensen por nosotros. Ya no somos una simple acogida sin más. Podemos ser también un rechazo.

Una cosa es cierta: somos fruto de un pasado. El *ahora* no es un simple *ahora*. Está marcado y henchido de pasado. Hay un bagaje que nos pesa y que no fuimos nosotros quien lo colocó sobre los hombros de nuestra vida. Pero ahora podemos decidir acerca de él. Porque no está dicho que radicalmente sea un peso, un estorbo. Puede ser un estorbo como también una ayuda. Hay una parte del bagaje que es necesaria, así como hay otra parte que únicamente constituye un peso.

Frente a mi pasado puedo tomar dos actitudes: *aceptación* o *rebelión*.

La *rebelión* de nada vale. Es una energía consumida en balde. Nada se adelanta con lamentar el pasado, la familia que se tuvo, la educación que se recibió. Rebelarse es perder el tiempo. La rebelión se transforma en agresión, y ésta nunca ha sido constructiva.

El único recurso es la *aceptación*. Es el punto de partida de toda transformación. Aceptar no significa amoldarse. Toda aceptación es un impulso, un trampolín para una nueva manera de ser y de vivir.

Aceptación del pasado

Aceptar lo que no se puede cambiar:

Acepto a mi familia: padre, madre, hermanos, nombre, apellidos...
Acepto mi físico: color, estatura, cabello, ojos, voz...
Acepto mi temperamento: expansivo o introvertido...
Lo que se puede cambiar, hay que cambiarlo, y lo que no se puede cambiar hay que aceptarlo.

Aceptar lo que se puede cambiar:

Acepto las costumbres: tradiciones familiares, maneras de vivir...
Acepto los valores: Dios, vida, personas, dinero...
Acepto la educación: controles, tabúes, miedos, represiones...
Acepto los conceptos: verdad, bien, mundo, justicia, belleza...

Lo que se puede cambiar hay que cambiarlo. Las costumbres, los valores, la educación, los conceptos y muchas otras realidades, si se nos enseñaron erradamente, pueden y deben ser modificadas.

No puedo vivir siendo esclavo del pasado. Sé que no

podré eliminarlo y que sigue formando parte de mi vida, siendo mi vida. Sin embargo, vivir mirando hacia el pasado es retroceder. Ni siquiera merece la pena recordar demasiado las cosas buenas. Nadie vive de remembranzas. La nostalgia jamás ayudó a nadie a ser mejor. Así que si no vale la pena recordar las cosas buenas, ¿por qué cargarse continuamente con el pasado negativo?

Es necesario que me libere del peso del pasado. Es necesario liberarme del peso que me oprime y no me deja caminar expeditamente.

Liberarse del pasado es decir:
¡Lo que pasó, pasó!
¡Nada me ayuda el vivir de recuerdos!
Es posible cambiar el rumbo de mi vida.
Es posible cambiar mi historia personal.

Puedo, claro está, utilizar mi pasado. No como un peso muerto, sino como una experiencia concreta que me lanza hacia el futuro. Como una historia mía que ya no puedo repetir, pero sobre la que puedo reflexionar. Como un hecho que hace mirar de otra manera el presente y el futuro. Eso es precisamente lo que voy a hacer con el *ahora* que tengo en mis manos y que puedo programar como algo mío, algo de mi decisión y responsabilidad.

Programación personal

El *ahora* de mi vida es lo único que está en mis posibilidades. Si es verdad que nadie puede vivir de rentas ni de los prejuicios del pasado, también lo es que yo no puedo soñar un futuro que todavía no está en mis manos y que, para mí, no existe; sólo podrá existir.

El *hoy* es fruto de un pasado. Más aún, es la plataforma de lanzamiento de la vida cara al futuro.

El *hoy* de mi vida hay que programarlo.

Vivir es programarse

Poco se logra hacer programando la vida. Mucho menos se hará sin programar. Es necesario hacerse un programa para la vida. Programar la vida es responder concretamente a estas preguntas:

¿qué deseo de mi vida?,
¿cómo realizaré lo que deseo?,
¿por qué realizaré lo que deseo?,
¿para qué realizaré lo que deseo?

Con estas preguntas es posible hacerse un plan de vida. Claro que puedo trazar un programa que no satisfaga a mi corazón, que no responda a mis grandes deseos. Es lo que muchos hacen. Respondiendo a las mismas preguntas, puedo trazar un plan de guerra, puedo planear la destrucción de alguien.

Pregunto: ¿Es eso lo que el corazón quiere? ¿Se queda satisfecho con ello? ¿Hay complacencia en la destrucción? ¿Es ésa una respuesta que la vida quiere?

¿Cuál es el plan que he de trazar para contentar a mi corazón?

¿Cuál es el plan que he de trazar y que responda a las preguntas de la vida, que venga a realizar mis deseos más profundos, que llegue a hacerme feliz?

¡Eso es lo que voy a hacer!

El deseo del corazón

Mi corazón desea armonía. No quiere desorden.
Mi corazón quiere la verdad. No se satisface con la mentira.
Mi corazón quiere el equilibrio. No soporta el vivir en la inseguridad.
Mi corazón quiere ser amado. Detesta el vivir en la soledad.
Mi corazón tiene necesidad de otros corazones. No está hecho para el aislamiento.
Mi corazón apunta al cielo. No está hecho sólo para la tierra.
Mi corazón tiene sueños de infinito. Sobrepasa la realidad diaria.
Mi corazón quiere certidumbres. Las dudas le machacan.
Mi corazón late con un ritmo de eternidad.

Mi corazón
    es fuerte, es río, es gota de lluvia, es tormenta,
    es brisa amena, es viento fuerte,
    es susurro al oído,
    es grito en la inmensidad,
    es tempestad de emociones,
    es explosión de alegría, es sufrimiento silencioso.

Mi corazón
    es insatisfacción buscando satisfacción,

es duda buscando verdad,
es desamor buscando amor,
es incertidumbre buscando seguridad,
es pequeñez buscando grandeza,
es imperfección deseando perfección,
es realidad viviendo en sueños,
es carne anhelando ser espíritu,
es sed buscando agua,
es hambre pidiendo alimento,
es nada queriendo ser todo.

Mi corazón
es tierra deseando ser cielo,
es una vela ansiando ser sol,
es llama anhelando ser estrella,
es creatura queriendo ser creador,
es finito soñando ser infinito.

¡Necesito dar una respuesta a este mi corazón!

Estoy hecho para la comunión

Comunión: palabra clave,
             palabra importante,
             palabra-respuesta para mi corazón.

¿De qué modo podrá ser una respuesta? ¿Cómo no hacer de ella una palabra vacía?
Llenar esta palabra de sentido,
vivir esta palabra en todas sus acepciones,
encontrar en ella una respuesta,
satisfacer el deseo del corazón...
Este es mi programa.

Programa que se realiza en la vivencia de comunión
      conmigo mismo,
      con el universo,
      con los demás,
      con Dios.

Este es el programa que voy a realizar, seguro como estoy de que será una respuesta para mi vida.

Comunión
conmigo mismo

"Me gusta como soy". Gustarme a mí mismo es aceptarme.

Me gusta mi físico:

> con el color de mi piel,
> con el color de mis ojos,
> con la estatura que tengo,
> con las facciones de mi rostro,
> con todo mi cuerpo, de la cabeza a los pies.

Me gusta mi físico. Estoy en comunión con él. No puedo cambiarlo. Soy irrepetible. Soy original.

Me gusta lo que hago:

> mi trabajo,
> mis ocupaciones,
> mis maneras de ocupar el tiempo,
> la comida que como y la bebida que bebo,
> el estudio que hago y las lecturas que escojo,
> todo lo que realizan mis manos.

Sí, me gusta todo cuanto hago y por eso estoy en comunión con todas mis actividades.

Me gusta mi pasado:

la educación que recibí,
los acontecimientos que viví,
mis realizaciones,
los fracasos y los éxitos,
la familia que tengo, mis hermanos,
el nombre que me pusieron,
todo el bagaje de mi vida pasada.
Me gusta mi pasado y estoy en comunión con él.

Me gustan mis limitaciones:

ser yo mismo sin soñar en ser otro,
las cualidades que tengo,
mis limitaciones físicas,
mis limitaciones psíquicas,
mis limitaciones familiares,
todos los límites que me impiden
ser más de lo que puedo ser.
Me gustan mis limitaciones. Me acepto como soy.
Sólo puedo ser yo mismo. Vivo mi realidad sin soñar lo
que no puedo ser.

Me gusta mi destino:

he sido hecho para la felicidad,
he sido hecho para vivir eternamente,
tengo que buscar la perfección,
estoy destinado a vivir en el cielo,
soy un ser en búsqueda, nunca satisfecho,
soy un ser en marcha, deseando una meta,
me gusta ser persona.
Me gusta de veras mi destino y no me siento un
perdido en el mundo. Soy uno que va por la vida con la
certeza de llegar a algún sitio.

Me gusta ser único:

> soy único en mi manera de ser,
> soy irrepetible entre todas las creaturas,
> soy original y no habrá otro igual que yo.

Me gusta ser creativo:

> tengo mi manera propia de pensar,
> tengo soluciones propias para mis problemas,
> busco siempre nuevas salidas,
> estoy construyendo mi propia existencia,
> mi vida no es copia de ninguna otra.

La comunión conmigo mismo es el punto de partida para todas las demás comuniones. Quien vive rebelado contra sí mismo nunca sentirá la alegría de la comunión.

> Vivir en comunión consigo mismo es eliminar
> toda rebelión,
> toda la agresión personal,
> toda queja,
> toda insatisfacción,
> todo resabio amargo frente al pasado.

Cuando estoy en conflicto conmigo mismo, proyecto tal disgusto a mi alrededor, y ello me impide estar en comunión con los otros. Cuando no me acepto, tampoco acepto a los demás ni al mundo.

Diálogo conmigo mismo

Es necesario conversar conmigo mismo. Dialogar con mi propio yo. No puedo huir de mí mismo. Necesito enfrentarme con mis situaciones y con toda mi realidad personal. Escamotear los problemas es huir de mí mismo y de la vida. Es necesario que hable conmigo mismo sobre todo cuanto me acontece.

Necesito mirarme como en un espejo y conversar conmigo. Dialogar acerca de todo lo que siento en mí. El diálogo hace que todas las cosas se me vuelvan amigas y compañeras. Es muy provechoso dialogar sobre mi físico, sobre mis actividades, sobre mi pasado, sobre las emociones que siento, sobre las reacciones que vivo en los diferentes momentos de mi vida.

★   ★   ★

En este preciso momento, sin huir de mí mismo, con la decisión de quererme cada vez más y de buscar mi propio bien; en este preciso momento, ¿qué es lo que yo no acepto en mi vida?, ¿qué es lo que no me gusta?, ¿qué es lo que no amo de mí mismo?

En este preciso momento, ¿qué actitudes debo cambiar para ser más libre respecto al peso del pasado o de mi vida presente? ¿Qué actitudes debo cambiar para sentirme más *yo mismo*, más satisfecho de mi vida?

2.

Tú eres parte del universo

Comunión con el universo

Yo soy la tierra.

Soy el agua que corre en los ríos, soy fuente, soy mar.

Soy lluvia de verano o de invierno.

Soy el verde de los árboles y el colorido de las flores.

En mí están los colores todos del universo.

Soy piedra y soy montaña.

Soy viento fuerte y soy brisa suave.

Soy el sol que brilla y soy el azul del cielo.

Soy el insecto que vuela y el pájaro que canta.

Soy el animal salvaje y soy la caricia del animal doméstico.

Soy parte de este universo y nada me es extraño. En mí está el universo. Soy un pequeño mundo. En mí están todas las cosas. Mi ser es un resumen del universo. Mi ser está hecho de tierra, de luz, de calor, de viento, de agua, de fuego, de todo lo que me rodea.

Mis ojos necesitan de la luz y de los colores.

Mis pulmones necesitan del aire puro de la vida.

Mi cuerpo necesita del alimento que viene de la tierra.

Nada me es extraño. No puedo despreciar nada. Despreciar lo que forma parte del universo es despreciarme a mí mismo. No aceptar el universo es no aceptarme tampoco a mí mismo. Así que hay una sola salida, una única solución ante la realidad del universo: tratar de vivir en comunión con él.

El combate que perdí

Luché con el viento porque él era fuerte y me molestaba, pero así y todo él no paró.

Protesté contra la lluvia porque me sorprendió en la calle, pero ella siguió cayendo sobre mí como si tal cosa.

Me quejé del sol porque requemaba, pero él siguió luciendo con la misma luz y el mismo calor.

Grité contra la niebla que me impedía ver lejos, y ella continuó siendo niebla como antes y se retiró sólo cuando le pareció oportuno.

Me cansé de los días lluviosos y nublos que me impedían ver el sol, y un día las nubes se retiraron... pero no por mis protestas.

Me puse más ropa rezongando contra el frío que hería mi piel, pero él cesó sólo con la deseada venida del sol y no por mis quejas.

La noche no se hizo más corta porque yo quisiera el sol, ni el sol se ocultó porque yo deseara la noche.

E independientemente de mi voluntad, el río siguió corriendo, el mar siguió lamiendo la playa, los pájaros cantando, los jardines floreciendo y la tierra dando vueltas.

Quejarse, luchar, protestar contra los fenómenos de la naturaleza que uno no puede cambiar es gastar ener-

gía para nada. Toda rebelión es una inútil pérdida de energías. Nada se modifica con ello y nada se adelanta.

Y cuando no acepto una situación que no puede cambiar, como son los fenómenos naturales en general, me estoy haciendo enemigos, adversarios con los que me declaro en guerra.

Y la lluvia, que es tan necesaria, podría volverse mi enemiga.

Y el viento, que alimenta los pulmones y acaricia mi piel, puede convertirse en un castigador.

Y el agua, que me da vida y lava mi cuerpo, puede volverse un elemento peligroso que causa miedo y destrucción.

Y de esta forma, el universo, que está hecho para mí y para serme amigo, puedo cambiarlo en adversario. Los vegetales, los minerales, los animales y todo lo que el universo contiene podemos considerarlos como colaboradores o, al contrario, como una realidad que debemos dominar a la fuerza. En este último modo nos volvemos esclavos de las fuerzas naturales. En vez de considerarnos seres libres, nos hacemos esclavos y la naturaleza se nos presenta como una fuerza opresora que tenemos que dominar y destruir.

¿Cuál es mi actitud ante este mundo?

Si mi posición de lucha y de rebelión no me resuelve el problema, debe darse otra solución dentro de la normalidad de la vida.

El mundo es hermano

El mundo es fraternal. El mundo es hermano. Todas las cosas que existen son hermanas. El mundo no es una lid. Las cosas no existen para hacerse la competencia, con la ley de quien más puede menos llora. Las cosas están unas en función de otras. Esa es la ley. Que se realiza dentro de un equilibrio perfecto. El equilibrio se rompe cuando interviene la mano del hombre o, mejor, el egoísmo del hombre.

Este mundo fraternal yo tengo que crearlo, ante todo, dentro de mí. El equilibrio dentro de mí refleja el equilibrio fuera de mí. Dentro de mí he de hacer nacer ideas de fraternidad.

En la medida en que parta de mí la iniciativa de hacer todas las cosas hermanas mías, empiezo a realizar y a encontrar la solución del problema. Y lo que me hace vivir como hermano del universo es el sentido de comunión, el sentido de ligazón que une todas las cosas.

Sólo la comunión puede crear vínculos. Lazos que unen todas las cosas entre sí. En la realidad física, yo ya estoy en comunión con todas las cosas. Soy tierra, agua, sol, viento, árbol... Necesito crear otro vínculo más profundo, que dé sentido a todo. Es el vínculo espiritual. El vínculo espiritual es el que crea la fraternidad. Quien ve el universo sólo por el lado material jamás entrará en comunión con él, sino que lo convertirá en un medio de explotación, de mero uso egoísta.

Conozco a uno que vivía esa comunión con el universo, llamando hermanos y hermanas a todo y a todos. Y efectivamente creó un vínculo de fraternidad universal.

Ese tal es Francisco de Asís. A todo y a todos les trataba él de hermanos y hermanas, porque dentro de sí ya había criado la fraternidad. Los árboles le eran hermanos, y cuando era necesario cortarlos pedía que se dejase un tallo para que la vida siguiera manifestándose en ese árbol.

Para él los animales no eran adversarios. Eran todos

hermanos. El lobo, considerado enemigo y temido por todos los habitantes de la ciudad, viene a regodearse a su lado, y Francisco le acaricia. Va retirando los bichitos de los caminos para que los transeúntes no les aplasten. Llama hermanos al sol, al fuego y al viento. También al agua la llama hermana. Pide a los pájaros que canten, y ellos forman una coral de fraternidad.

Este hombre creó dentro de él el sentido de la fraternidad, y cuanto existía fuera de él también era fraternal. Alrededor suyo se creó un mundo de comunión. ¡Esa es la norma de la vida!

El egoísmo hiere la tierra

¿El mundo de hoy es así?

El hombre esquilma las florestas y se olvida de plantar nuevos árboles. De este modo el ambiente se vuelve hostil por el calor sofocante y por el aire contaminado.

El hombre emponzoña las aguas, y éstas, en vez de ser una señal de vida, se convierten en señal de muerte. Ya no se prestan ni para beber ni para bañarse. En vez de ser un símbolo de pureza, se han vuelto un símbolo de suciedad.

El hombre destruye los animales, y el desequilibrio se enseñorea del mundo. Desaparecen algunas especies por el egoísmo del hombre, y otras se multiplican desordenadamente, perjudicando al reino vegetal.

El hombre desintegra desordenadamente el mundo mineral, y el aire se vuelve un turbión de gases mortíferos. Y basta una desintegración del átomo para acabar

con parte de esa humanidad que se construye sus propios enemigos.

De esta forma el hombre se enemista con el mundo. Y tiene que prevenirse y defenderse de él. Hace del mundo y de las cosas un adversario con el que ya no puede seguir viviendo fraternalmente, encontrándose a cada momento con un enemigo que combatir o frente al que defenderse.

Sólo el hombre fraternal crea un mundo fraternal. Y el mundo enemigo en que estamos viviendo es el fruto del hombre que sabe únicamente explotar ese universo de una manera egoísta, mirando sólo el lucro personal, sin importarle las consecuencias y sin cuidarse de que las generaciones futuras sufrirán los efectos del egoísmo actual.

Cuando quiero un mundo sólo para mí, me vuelvo materialista, destructor, contaminador, explotador. ¿Pero quién se declara tal o se acusa como culpable de todo esto? ¿Quién se declara pecador por haber destruido un mundo bueno y haber creado un mundo enemigo? ¿Quién pide perdón a la humanidad por no haber sido hermano de todo y de todos? ¿Y quién es el que pide perdón a Dios por haber destruido su obra con intenciones meramente egoístas?

El mundo, en camino hacia el más allá

El hombre está cerrado en sí mismo. Ha perdido el sentido del universo como
>   camino,
>   fotografía,
>   ventana abierta,
>   medio,
>   un *a través de*.

Y cuando no se tiene ese sentido, las cosas sólo valen en sí y pierden toda la unidad. Porque lo esencial no viene de las cosas, sino del lazo que las une, del sentido que guardan dentro de sí. Las cosas valen en la medida en que nos hacen entrar en comunión con los hombres y con Dios.

Por eso el mundo y todas la cosas son
- un camino que lleva al encuentro con los hombres y con Dios;
- una fotografía de la grandeza y hermosura del Creador;
- un *a través de* que me hace ver allende lo que existe en las cosas;
- una ventana abierta al cielo y a Dios;
- un medio que une a los hombres entre sí y con el Creador.

Así que soy un pequeño universo que debe estar en permanente comunión
con el mundo animal,
con el mundo vegetal,
con el mundo mineral,
con todos los elementos del mundo,
porque yo soy todo eso, y en la medida en que me desintegro y no vivo en comunión con ese universo, voy a sufrir dentro de mí, física y espiritualmente, unas consecuencias desastrosas no sólo para mí, sino para toda la humanidad.

Diálogo con el mundo

Si el mundo es mi hermano, tengo que dialogar con él.

Si todas las cosas son mis hermanas, no puedo vivir aislado de ellas.

Si todas las cosas que componen el universo deben ser mis amigas, y yo amigo de todas las cosas, debo entablar conversación con ellas, debo establecer una convivencia de amigo a amigo. El universo es una casa, y cuanto hay en ella es de la misma familia. Nadie podrá vivir aislado en su mundo, sin establecer una comunicación amigable. Sólo así se instaura la comunión.

Necesito conversar con las flores. Hablarles de su belleza, de su misterioso colorido, de su misión de adornar la tierra, de su tarea de ser posada para los insectos y colibríes.

Necesito conversar con el sol que me calienta e ilumina la tierra. Es grande, maravilloso y fuerte. Es la luz de mis ojos. Merece nuestra gratitud. Sin él, la tierra sería tinieblas y nuestros ojos carecerían del colorido de la vida.

Necesito conversar con el agua que me lava, que mata mi sed, que brota de los montes y de los valles corriendo en dirección al mar. Es la vida de la tierra.

Necesito conversar con los insectos, con los pájaros, con los animales domésticos y con los salvajes. Con el ejercicio de este diálogo haré amigas mías todas las cosas. Será un buen camino para una comunión total, porque cuando el corazón humano canta, todo a su alrededor canta y se vuelve una fiesta. Una fiesta en el corazón del hombre y en el corazón del mundo.

*   *   *

En este preciso momento,
    ¿qué fenómeno de la naturaleza me asusta?,
    ¿cuál es el árbol que no me gusta?,
    ¿qué flor no aprecio?,
    ¿qué elemento natural me causa miedo?,
    ¿qué insecto detesto?,
    ¿qué animal me espanta?

Y en este preciso momento,
    ¿qué decisión voy a tomar para hacerme
    más amigo de todo lo que me rodea?,
    ¿qué decisión voy a tomar para que dentro de mí
    pueda sentir un mundo más fraterno y más amigo?

3.

Tú solo
no eres nadie

Comunión con el otro

Yo soy el otro.

Soy la sangre de mi hermano. La rojura de mi sangre me hace su igual. Por las venas del cuerpo de mi hermano corre la misma sangre que por las mías.

Soy el corazón de mi hermano. Se trata del mismo palpitar. Se trata del mismo compás rumbo al infinito. Todos los corazones laten al compás del deseo de vivir eternamente.

Soy la voz de mi hermano. Todas las voces desean comunicarse. Todas gritan por la misma paz. Todas las voces desean ser oídas y amadas, y en quien me llama estoy yo también con el deseo de que me escuchen.

Soy la mano de mi hermano. Manos que desean otras manos. Manos que se saludan y que se unen en el mismo trabajo para sobrevivir. Manos que dan y manos que piden. Manos que se abren y manos que se cierran.

Soy los ojos de mi hermano. En sus irisaciones más variadas se encuentran los propios colores del mundo. Y todos tienen el mismo deseo de ver lo infinito y de penetrar en los secretos de la vida.

Soy el otro
    en sus pies que caminan,

en sus pulmones que respiran un mismo aire,
en sus labios que sonríen.

Soy el otro
en sus gestos que comunican,
en su mirar que pide amor,
en sus manos que saludan,
en sus brazos que ciñen,
en su rostro que se expresa.

Soy el otro
en su deseo de amar y ser amado,
en su voluntad de ser feliz,
en su anhelo de sobrevivencia.

Soy el otro
en su deseo de superar la soledad,
en su voluntad de eliminar el dolor,
en su anhelo de satisfacción y de felicidad.

No estoy solo. En mí está la humanidad toda. En mí está el otro con su identidad y yo con la mía, pero participando de una misma vida. No puedo aislarme. No estoy solo en el mundo. No soy una isla. Soy archipiélago. Soy continente. Soy ciudad. Soy parte de un todo. Y en ese todo es donde me realizo.

Vivo con el otro

Vivo con el otro.
Todo, en el hombre, está hecho para el encuentro.
Todo, en el hombre, es comunicación.
Todo es deseo de comunión.

Y para responder a ese deseo infinito de comunión, ese deseo de comunicación total, las personas se buscan

y se necesitan. Por eso el convivir es más fuerte que el propio vivir.

Todo en mí es comunicación:
manos para saludar y estrecharse,
ojos para encontrarse.
voz para expresarse,
oídos para escuchar,
brazos para ceñirse,
pies para andar juntos,
labios para besar...

Todo, en el hombre, busca convivir. Por eso las personas, sean de la manera que sean, necesitan convivencias:
viven en familia,
buscan enamorarse,
se casan,
se relacionan sexualmente,
forman agrupaciones,
juegan en equipo,
trabajan en conjunto,
necesitan recordar,
necesitan copear juntos,
forman villas y ciudades,
constituyen todo tipo de grupos.

¿Quién es el otro para mí?

¿Quién es el otro para mí? ¿El otro a quien necesito, del que preciso, sin el cual no puedo vivir?

El otro es *alguien igual a mí:*
simple creatura humana,
con los mismos derechos y deberes,
con los mismos sentimientos profundos,

con los mismos deseos infinitos,
con sus diferencias,
pero humanamente igual a mí.

El otro es alguien que *necesita de la convivencia:*
no está hecho para estar solo,
desea alguien en su vida,
necesita cantar y reír junto con alguien,
necesita sufrir y llorar con alguien,
necesita sentir a otro cercano,
necesita comer con alguien,
beber con alguien, hablar con alguien.

El otro es alguien que *necesita de un amigo:*
para escuchar,
para compartir sus sentimientos,
para sentirse persona,
para contar su vida,
para desahogar sus emociones,
para amar y ser amado,
para compartir experiencias.

El otro es alguien *que me necesita,* que acepta
mi servicio,
mi utilidad,
mi trabajo,
mis cualidades.

El otro es alguien a quien *debo amar,* es decir, con
quien debo desarrollar mi capacidad de acoger y servir.

Acoger a otro tal como es:
su modo de ser,
sus cualidades,
sus defectos,
sus limitaciones,
sus simpatías y antipatías,
toda su vida en conjunto.

Servir a otro es:
prestar atención,
proporcionarle ayuda,
usar con él una actitud de comprensión,
ser para él un instrumento de apoyo,
serle una presencia en las necesidades,
serle orientación para una vida mejor.

Resultados de la convivencia

La ley humana de la convivencia se realiza en la acogida y en el servicio mutuo. Es esta convivencia la que aporta una respuesta al corazón del hombre que tiene como resultado:
satisfacción de vivir,
alegría de haber nacido y de estar viviendo,
gusto de lo que se es y de lo que se hace,
armonía y paz de convivir,
vivencia del sentido de fraternidad,
realización de amar y de ser amado.

Y cuando no se realiza esta convivencia, cuando no se concretiza la palabra *amar,* que es acoger y ponerse al servicio de uno; cuando, en vez de una actitud de amor, hago del otro un *alguien-para-mí,* ¿qué es lo que pasa?, ¿cuáles son las consecuencias?

Actitudes erradas

El otro queda convertido en un *alguien-para-mí*
cuando uso de él como de un *medio*
para alcanzar mis objetivos personales:

exploto sus capacidades de trabajo,
uso su trabajo para mi lucro personal,
hago de él un medio para mi éxito personal,
uso de su amistad para mi provecho;

cuando uso de ese alguien como de un *instrumento*
para lograr mis intereses:
hago de él un instrumento de placer;
le uso mientras es útil y luego le tiro al trastero,
le abandono;
le convierto en un instrumento de placer sexual...
y ahí están las consecuencias:
 prostitutas o mujeres-objeto,
 chulos que se instrumentalizan,
 desvíos sexuales de todo tipo,
 casados que se usan y no se aman,
 cambio de compañero sexual
 como se cambia de ropa,
 propagandas que comercializan el sexo,
 pornografías u obscenidades
 que buscan la ganancia;

cuando uso de ese alguien como *adversario*,
como uno que es mi enemigo:
alguien que no me va,
alguien a quien tengo que eliminar,
alguien a quien no puedo ver ni tratar,
alguien que no significa nada para mí,
alguien a quien debo destruir
 con palabras,
 con intrigas,
 con calumnias,
 con envidias,
 con indiferentismo,
 con cuentos inventados.

 Tal es la ley del egoísmo:
usar al otro mientras me es útil,

dejarle abandonado cuando ya no me sirve,
destruirle cuando me estorba.

Y nuestra sociedad está especializada en hacer de las personas
objetos, medios,
instrumentos, cosas,
adversarios, enemigos.

¿Cuáles son las consecuencias de este comportamiento equivocado? ¿Cuáles son las consecuencias personales y sociales de esta manera de vivir?

Consecuencias del egoísmo

Es muy común encontrar
personas tristes sin saber el porqué,
personas angustiadas que echan la culpa a la vida,
personas agresivas que se justifican,
con un *yo soy así*,
personas rebeldes que echan la culpa a los demás,
personas desequilibradas:
neuróticas,
esquizofrénicas,
depresivas,
nerviosas...

¡Que hablen los gabinetes de los psicoanalistas y de los psiquiatras!
¡Que hablen los confesonarios y los centros de orientación!
¡Que lo digan los lugares de cultos secretos y prácticas esotéricas!
¡Que hablen las echadoras de cartas y las pitonisas!
¡Que hablen las almohadas y los dormitorios!

¡Que hablen los sedativos, los calmantes, los somníferos!

¡Que lo proclamen en alta voz las úlceras, las jaquecas, las hemicráneas, los ojos abatidos, los rostros tristes!

¡Que lo digan a voz en cuello los bares, los salones de juego, las salas de fiesta!

Dije que la vida es una pregunta.

Con preguntas empecé esta conversación.

¿No serían todas preguntas esas situaciones anormales de la vida? ¿No serían dificultades que tratan de recordarnos y despertarnos de una vida equivocada? ¿No serán unas preguntas bien claras

la tristeza?

la angustia?

la enfermedad sin explicaciones ni causas físicas?

el alcohol consumido?

las drogas ingeridas?

las noches insomnes?

la insaciable búsqueda sexual?

la rebelión y la agresividad personales?

Todo tiene una causa. Todo tiene un porqué. Nada sucede sin una causa. Todo acto supone una causa. Todo efecto requiere un porqué. Nada acontece por caso. Cuando las cosas en mi vida no van bien es que algo está pasando.

La ley se venga

Todo el universo sigue una ley. Todas las cosas tienen una ley interna que las encauza. El universo es perfecto en sus leyes, las leyes de la naturaleza.

También yo estoy guiado por una ley: *la ley de la naturaleza humana.* Y una de las leyes de la relación

con el otro es la *vida en comunión*. Cuando esa ley no se respeta y se vive, ella se venga.

La naturaleza es tremendamente vengativa.

La naturaleza humana se encarga de castigar a quien anda extraviado. La ley de la naturaleza humana es como una carretera recta, bien asfaltada, con una señalización suficiente para circular con serenidad. Todo va bien mientras se corre por el justo carril y se observan las señales y las leyes de tránsito. Todo va mal cuando se sale uno del camino, cuando se hace poco caso de las señales de tráfico: accidentes, multas, daños personales y materiales, perplejidad, detención en la marcha...

La naturaleza humana es como una carretera. Todo camina seguro mientras se vive de acuerdo con sus leyes. Los problemas empiezan cuando se infringen y quebrantan las leyes. Llegan los accidentes, las multas, los daños espirituales y emocionales que duelen mucho más que los físicos. La naturaleza misma se encarga de castigar. Dios no castiga a nadie. Soy yo mismo quien me castigo. Los accidentes que surgen por la transgresión de la ley humana son bien evidentes:

tristeza,
angustia y depresión,
agresividad y rebelión,
enfermedades psico-somáticas,
insomnios e insatisfacción...

Esos, y muchos otros síntomas, son el resultado de una ley humana pisoteada, comprimida y vejada.

Estamos hechos para la *comunión* con los demás. Esta es la ley.

¿Cómo puedo vivir tranquilo, haciendo del otro un instrumento para mi utilidad?

¿Cómo puedo dormir en paz si me retiro a descansar con odio en el corazón?

¿Cómo puedo vivir sin conflictos, zambulléndome en el libertinaje sexual?

¿Cómo puedo vivir alegre si destruí a alguien con mis trapicheos?

¿Cómo no voy a ser agresivo, si vivo a malas con mi familia?

¿Cómo puedo estar tranquilo si hay personas a las que no quiero ni mirar a la cara?

¿Cómo puedo tener la conciencia en paz si no perdono a alguien?

¿Cómo tener el rostro sereno si en mí se encova el odio?

¿Cómo puedo decir que amo si vivo cerrado en mí mismo?

¿Cómo puedo... si...?

La humanidad compra sus dolores. Fabrica sus castigos.

Ahí están
las luchas de clases que dividen,
los nacionalismos de Gobiernos
fuertes y opresores,
las guerras de interés sacrificando vidas humanas,
las explotaciones de los pobres a mano de los ricos,
los odios entre las familias que acarrean muertes,
los conflictos familiares
que desintegran los hogares,
la lucha continua de unos contra otros...

Todo eso lleva a consecuencias desastrosas para la humanidad.

La creatividad del diálogo

Sé que no tengo que esperar por nadie.

Debo tomar yo mismo la iniciativa de la comunicación y del diálogo. Lo malo está en que unos esperan por otros. Y en esta espera, el tiempo pasa y el mal crece. Es necesaria la creatividad personal en la búsqueda de caminos que lleven a la comunicación con el otro:

>tomar la iniciativa del diálogo,
>abrirse al otro,
>plegar el orgullo,
>saber perdonar con grandeza de alma,
>acoger al otro sin preconceptos,
>buscar soluciones concretas para la vida.

La creatividad rompe la cerrazón sobre uno mismo. El pecado radica en cerrarse al amor del otro y de Dios. Quien se cierra está en posición de pecado. El amor es apertura, es búsqueda, es intento de diálogo permanente.

★ ★ ★

En este preciso momento,
>¿estoy viviendo *un pequeño cielo*
>*o un pequeño infierno?*,
>>¿cómo me encuentro?,
>>¿a quién odio o no puedo soportar?,
>>¿a quién no quiero ver ni hablar?,
>>¿a quién destruí y maté espiritualmente?,
>>¿a quién aislé de mi vida para siempre?,
>>¿a quién no consigo saludar
>>y mucho menos abrazar?,
>>¿a quién desearía que muriese
>>para verme libre?

Si yo muriera en este preciso momento, ¿me gustaría encontrarme con todos y abrazarles con mucho amor, o preferiría vivir la maldita frase que dice: "Junto contigo... ¡ni al cielo!"?

Mi vida presente, ¿es una pequeña muestra de cielo o de infierno?

Esta es la ley. He sido hecho para la comunión con los hermanos. Todo en mí conduce a esa comunión. Todo en mí es una invitación a la convivencia. Tal es el orden de la vida y el orden de la ley humana. Esta es la ley del corazón humano que no quiere decepciones.

¡Es el momento de mi decisión personal!
Es el momento
    de revisar lo que de equivocado hay en mí
    en relación con los demás,
    de percibir conscientemente
    los síntomas de mis fallos,
    de saber que cada síntoma es una pregunta,
    y que cada pregunta exige una respuesta,
    que la respuesta es la búsqueda del justo camino,
    que el camino seguro
    es la ley de la naturaleza humana,
    y que la ley de la naturaleza humana
    exige, a su vez, esta respuesta:
        vida en comunión.

4.

Dios y tú,
caminando juntos

Comunión con Dios

Soy Dios.
Soy de la raza de Dios.
Soy una fotografía de Dios.
Soy una imagen y semejanza de Dios.
Soy sencillamente ¡una sombra de Dios!

Mi inteligencia es una diminuta presencia de la infinita inteligencia divina.

Mi libertad es una manifestación de la total libertad de Dios.

Mi amor es la presencia dentro de mí del amor total que es Dios.

Mi vida es la revelación de Dios, vida total.

Mi creatividad es la continuación de la eterna creatividad de Dios.

Soy el deseo de Dios.
Dios quiere que yo sea amor infinito como lo es él;
    quiere que yo sea vida plena como lo es él;
    quiere que yo sea comunión perfecta como lo es él;
    quiere que yo sea una creatura en plenitud
    como él es plenamente creador.

Vivo en Dios

Vivo en Dios.
Soy de su naturaleza.
En él existo y en él soy.
Vivo el orden de Dios en el orden del universo.
Vivo la belleza de Dios en la belleza de la creación.
Siento el calor de su vida en el calor del sol.
Mis ojos se llenan de luz en la luz de sus estrellas.
Mis oídos llegan al infinito para escuchar la orquesta del universo.
Todo me habla de Dios y todo tiene su lenguaje.
Todo es un grito de Dios y únicamente los muertos no lo escuchan.
Todo es un deseo de infinito y un anhelo de trascender.

Vivo en mi casa que es la casa de Dios. Vivo en el ambiente de Dios. Mi ambiente normal y natural es Dios, como para el pez el ambiente natural es el agua. Como el agua para el pez, así es Dios para mí.
Vivo en Dios.

Amarme es amar a Dios

Amarme es amar a Dios.
Amar mi inteligencia es amar a Dios-inteligencia.
Amar el amor que hay en mí y en los demás es amar a Dios-amor.
Amar la vida que hay en mí y a mi alrededor es amar a Dios-vida.
Amar la libertad que hay en mí es amar a Dios-libertad.

Amar la convivencia es amar a Dios-comunión.

De la misma manera, amar a Dios es amar
    la belleza que hermosea al universo,
    la pureza que encandila los ojos,
    la luz que colorea la tierra,
    el universo que lleva hacia lo infinito,
    el bien que alienta la esperanza,
    la alegría que es la música del alma.

Dios es todo lo que hay de positivo. Dios es todo lo hermoso.

Amar lo positivo, amar lo bello es amar a Dios.

Despreciarme es despreciar a Dios

Despreciarme es despreciar a Dios.
Despreciar la vida es despreciar a Dios que es vida.
Despreciar el amor es despreciar a Dios que es amor.
Despreciar la convivencia es despreciar a Dios que es comunión.

De la misma manera, desprecio a Dios
    cuando desprecio la hermosura
    que hay en el mundo;
    cuando desprecio la pureza,
    que es el espejo de Dios;
    cuando desprecio la luz,
    que es señal de la gran Luz;
    cuando desprecio el bien, que es el mismo Dios;
    cuando desprecio la alegría,
    que es una consecuencia de quien cree.

Así podemos concluir que despreciar al mundo es despreciar la obra de Dios. Y despreciar al hombre es despreciar la imagen y semejanza de Dios.

"Ser Dios" es una tentación

Hay en mí una tentación.
Hay en mí la misma tentación que se dio siempre en la humanidad.
La tentación de Adán, que será también la tentación del último Adán que exista.
Es la tentación de *ser Dios.*

La tentación
    de sustituir a Dios,
    de competir con Dios,
    de igualarse a Dios,
    de desconocer a Dios
    para que me reconozcan a mí,
    de declarar mi independencia,
    de afirmar mi auto-suficiencia,
    de desligarme de Dios.

La gran tentación
    es cambiar el centro de atracción,
    es cambiar el motor que todo lo mueve.

La gran tentación
    es colocarme yo como centro.
Yo centro:
    las cosas para mí,
    el lucro para mí,
    la casa para mí,
    Dios para mí,
    ¡todo para mí!
    Que todos me amen,
    me comprendan,
    me presten atención,
    me escuchen,
    me ayuden,
    estén conmigo...

¡Grande es la tentación de querer ser el centro de todo y de todos!

¿Qué pasaría si la tierra reclamase al sol y quisiera ser ella el centro? ¡Algo imposible! Lo pequeño nunca puede ser el centro de lo grande.

¿Podrá el hombre querer ocupar el lugar de Dios? ¡Sería un absurdo!

Y sin embargo, eso es lo que sucede todos los días en mi vida. No se da de una forma declarada y ostentosa. Pero sucede todas las veces que quiero las personas para mí y a mi servicio. Cuando quiero que Dios sea un-algo-para-mí. ¡Es el punto de partida de mi desgracia: un desequilibrio total!

La soledad sin Dios

Abandoné a Dios y me encontré solo.

Y conmigo está sola toda la humanidad. Es la solitud de la humanidad que se ha escogido a sí misma como centro.

La soledad es la compañera de la humanidad
　　cerrada en sí misma,
　　desilusionada de sí misma,
　　insatisfecha de su propia elección,
　　pobre y huérfana.

La soledad trae consigo otra compañera: la insatisfacción.

Para ocultar la insatisfacción, el hombre se materializa totalmente:
　　desea el mundo para sí;
　　se lanza a juguetear;
　　habla, ve y discute de fútbol;
　　habla, ve, usa y abusa del sexo;

se abandona al sueño de las drogas;
corre tras las novedades...
y el corazón, al amanecer y al oscurecer de los días que
se repiten, se queda solo.

El abandono de Dios trae consigo todo tipo de problemas y, de modo especial, neurosis:
el miedo de vivir y de moverse,
la inseguridad del porqué de la vida,
el complejo de culpa de fondo religioso,
la insatisfacción de vivir meramente por vivir.
La mayor fuente de neurosis es el achatamiento del
instinto religioso.

Dios enmascarado

Puedo crearme un Dios. Un Dios a mi manera. Un
Dios según mis necesidades o mis limitaciones.

El Dios que yo quiero puede ser un Dios
que me ayude en los negocios,
que me dé salud,
que solucione mis problemas,
que atienda mis peticiones,
que haga milagros a todas horas,
que me apañe el trabajo...

Y de esta manera creo un Dios a medida de mis
necesidades. Un Dios-empleado. Un Dios a mi servicio... constituyéndome yo en centro.

Dios es comunión

¿Quién es ese Dios con quien debo vivir en comunión?
El Dios que es creador, mientras yo soy simple
creatura;

el Dios que es Padre, al paso que yo soy simple hijo;

el Dios inmenso a quien debo adorar;

el Dios santo, justo, poderoso a quien debo alabar;

el Dios amigo que dio su vida por mí;

el Dios salvador que me libra de los peligros de la vida;

el Dios libertador que me arranca de la esclavitud;

el Dios comunidad que me llama a vivir en comunidad;

el Dios vivo que me convida a amar la vida y a vivirla integralmente;

el Dios verdad que me libra de toda mentira;

el Dios felicidad que quiere y hace que yo sea feliz.

Con ese Dios yo puedo conversar como con un amigo. Puedo sentir su presencia, pues está en medio de nosotros. Puedo captarle y convivir con él, pues él se hace uno de nosotros, se hace persona, se hace cuerpo humano a través de Cristo.

Puedo vivir en comunión con él. El está en mí. Su presencia está en mi vida, en mi amor, en mis deseos íntimos.

Puedo vivir en comunión con él, pues el universo es como su prolongación, imagen de su grandeza y de su amor.

Puedo vivir en comunión con él a través de las personas, imágenes vivas de su presencia.

Todo me une a Dios, pues todas las cosas hablan de él. Todo me acerca a Dios, pues para quien tiene ojos de amor

en todo percibe sus pasos,

en todo oye sus palabras,

en todo siente su amor,

en todo ve su imagen.

Todo es presencia suya:

las flores muestran su belleza,

los pájaros cantan su grandeza,
las fuentes manifiestan su pureza,
el cielo habla de su perfección,
y el hombre es la presencia
de su misterio de amor.

Dios es comunión y me invita a vivir esa misma comunión:
comunión de hijo con el Padre,
comunión de creatura con el Creador.

Y en esta comunión vivo mi diálogo con Dios. Hablo con Dios. Hablo mucho más con Dios de lo que hablo de Dios. Muchos hablan de Dios. Lo importante es hablar con él. Eso es rezar. Es hablar con él y descubrir que él ya ha hablado mucho con nosotros, a través del universo, a través de la vida, a través de la Palabra sagrada. Dios, al mismo tiempo, es silencio y grito. Es silencio porque su voz no se deja oír y él no responde de manera directa, en un de tú a tú sensible, como muchos quisieran. Y, al mismo tiempo, es grito porque todo habla de él. Todo, en el universo, grita que él existe, que es grande, que está presente.

★   ★   ★

En este preciso momento, ¿qué unido me siento a Dios?

¿Siento que estoy en comunión con él, o mantengo más bien unas relaciones *comerciales?* ¿No estoy deseando un Dios-empleado a mi servicio?

¿Siento que todo me une a Dios, que todo es motivo de comunión?

¿Me siento hijo o huérfano sin destino?

¿Me siento mera creatura o quiero colocarme en el lugar de Dios?

¿Qué es lo que necesito cambiar para estar en comunión con ese Dios que es comunión y que desea mi total comunión?

Cristo, modelo de comunión

Cristo es para la humanidad
el hombre-modelo,
el hombre integral,
el hombre perfecto,
el hombre-comunión.
Cristo es el hombre-comunión en totalidad.

Modelo de comunión consigo mismo:

"Yo soy el camino, la verdad y la vida..."
"Yo soy la resurrección y la vida..."
"Yo soy la luz del mundo..."
"Soy manso y humilde de corazón..."

Modelo de comunión con el universo:

"Mirad los lirios del campo, mirad las aves del cielo..."
"El reino de los cielos se parece a un grano de mostaza..."
"Yo soy la vid y vosotros los sarmientos..."
"Yo soy el buen pastor que da la vida por sus ovejas..."

Modelo de comunión con el otro:

"Amaos unos a otros como yo os he amado..."
"Amad a vuestros enemigos y haced el bien a cuantos os persiguen..."
"Da a quien te pide..."
"Perdonad y seréis perdonados..."

Modelo de comunión con el Padre:

"Yo y el Padre somos uno..."
"Yo estoy en el Padre y el Padre está en mí..."
"Como el Padre me conoce, así yo conozco al Padre..."
"Padre, hágase tu voluntad..."

Cristo es la perfecta comunión y por eso es la perfecta religión.

Religión y comunión

¿Qué es entonces la religión?
¿Puede el hombre vivir sin religión?
¿Es religión lo que la humanidad está viviendo?
¿Cuál es la religión perfecta?
¿Puedo discernir la verdadera religión?
¿Estoy contento con mi manera de vivir la religión?
Mi vida, ¿está hecha de religión o de creencias?

Religión es sentir y vivir a Dios en uno mismo:

en el amor a la vida,
en mis sentimientos,
en mis problemas,
en mis ansiedades,
en el deseo de ser más,

en querer ser mejor,
en la sed de felicidad,
en la voluntad de querer respuestas,
en todo cuanto acaece en mí.

Religión es sentir y vivir a Dios en el universo:

todo es una ventana abierta al infinito,
todo es un *a través de* que indica un más allá,
todo habla de un Creador,
todo es ansia de vida y de sobrevivencia,
todo es una invitación a la fraternidad,
todo tiene un sentido y una finalidad.

Religión es sentir y vivir a Dios en el otro:

sentir al otro es sentir a Dios,
amar al otro es amar a Dios,
querer el bien del otro es querer a Dios,
comunicarse con el otro,
ayudar al otro,
servir al otro,
acoger al otro,
vivir con el otro...
estar con el otro es estar con Dios: "Todo lo que
hiciereis... a mí me lo estáis haciendo".

Religión es sentir y vivir a Dios como Persona:

un Dios personal, que es Padre, Hijo y Espíritu
Santo;
un Dios Padre que me ama y me quiere por hijo;
un Dios amigo que me quiere feliz y me ama;
un Dios comunicación que me comunica su felicidad;
un Dios cielo que me quiere en el cielo.

En esta manera de vivir la religión puedo sentir que
ella se me vuelve *religación* de todas las cosas entre sí y

con el Creador. La *religión* es el *vínculo* que une al universo en sí mismo y con Dios.

La *religión* es el *sentido* de todo. Sentido
que es dirección,
que es camino,
que es rumbo hacia el punto de llegada.

Todo es *religión* (=religación). Nada de lo que existe carece de sentido.

El sentido de las cosas, eso es religión. ¿Y qué religión podrá ser más perfecta de la que establece la *comunión* del hombre
consigo mismo,
con el universo,
con el otro,
con Dios?

Ahí está la religión perfecta. Ahí está toda la ley. Ahí está la realización personal. Ahí está el cielo.

Qué es el cielo

Cielo no es otra cosa sino una vida en comunión total.

Desde ahora puedo ya experimentar y sentir el cielo en mi vida.

Sólo tendré la felicidad de vivir el cielo en totalidad *si mi vida es un entrenamiento para vivir ese cielo.*

Si desde *ahora*

me esfuerzo en vivir en comunión conmigo mismo:
en la búsqueda de la verdad,
en la búsqueda de la perfección,
en la búsqueda de la integración personal,

en el desenvolvimiento de las capacidades,
en la satisfacción de vivir,
en la búsqueda de una razón para vivir.

Si desde *ahora*

me esfuerzo en vivir en comunión con el universo:
en la aceptación de su destino,
en su transformación para el bien común,
percibiéndolo como presencia de Dios,
sintiéndolo como un bien para el hombre,
amándolo por ser obra del amor de Dios,
sintiéndome responsable de él.

Si desde *ahora*

me esfuerzo en vivir en comunión con el otro:
en convivencia fraternal,
en el perdón sin condiciones,
en la acogida de las personas,
en el servicio desinteresado,
en el amor-donación,
en el *amaos unos a otros...*

Si desde *ahora*

me esfuerzo por vivir en comunión con Dios:
en el amor de hijo hacia el Padre,
en el amor de la creatura hacia el Creador,
en el vínculo de dependencia amorosa,
en la expresión de alabanza y gratitud,
en realizar la voluntad de Dios.

El *cielo* es la respuesta global a las respuestas de la vida. Es la realización plena del ser persona. Es la satisfacción plena de los deseos de mi corazón.

Qué es el infierno

Si el cielo existe, también el infierno es una realidad. El cielo es una elección. También lo es el infierno. Resulta increíble que haya gente que escoja para sí la desgracia, la infelicidad, la soledad total. El infierno no es más que el rechazo de la vida en comunión. Es elegir la soledad total.

Desde este momento estoy escogiendo y viviendo el infierno:

cuando no me acepto como soy,
cuando maldigo de mi vida,
cuando no asumo mi vida,
cuando me desprecio física y espiritualmente,
cuando me destruyo con bebidas y drogas,
cuando hago insoportable mi vida,
cuando no asumo mi destino personal,
cuando no me hago responsable de mi vida.

Desde este momento estoy escogiendo y viviendo el infierno:

cuando no acepto el mundo como es,
cuando me rebelo contra él,
cuando lo considero como mi enemigo,
cuando uso y abuso de él sin criterio,
cuando me parece que todo está al revés,
cuando me parece que el mundo es un absurdo,
cuando lo convierto en un ambiente de desamor y de lucha.

Desde este momento estoy escogiendo y viviendo el infierno:

cuando no acepto al otro,
cuando odio y perjudico al prójimo,
cuando deseo eliminar de mi vida al otro,
cuando hago del otro un instrumento de mi egoísmo,
cuando destruyo la convivencia,
cuando divido a las personas unas de otras,
cuando provoco contiendas y desunión,
cuando me siento aislado,
cuando creo un ambiente de insatisfacción y de disgusto,
cuando alguien sufre o queda humillado y desprecia la vida por mi culpa,
cuando me cierro al amor del otro.

Desde este momento estoy escogiendo y viviendo el infierno:

cuando Dios no representa nada para mí,
cuando me constituyo en un pequeño dios,
cuando no quiero ni acepto motivos para creer,
cuando desprecio el amor del Dios-amor,
cuando desprecio la bondad del Dios-bondad,
cuando declaro mi independencia respecto a Dios,
cuando no acepto ser hijo de un Padre que me ama,
cuando mi vida no tiene sentido ni dirección,
cuando me cierro en mí mismo en soledad total,
cuando me cierro al inmenso amor de Dios.

El *infierno* es la negación de la comunión. Es escoger la soledad. Es no responder a las grandes preguntas de la vida:

es no satisfacer los deseos del corazón,
es negarse a ser persona,
es no querer la realización personal,

es buscar la muerte en lugar de la vida,
es vivir fuera del plan de amor que Dios trazó y realiza para nosotros.

Mi vida presente es una pequeña muestra de la elección definitiva que realizaré en el momento de mi muerte.
Por suerte puedo escoger el cielo.
Desgraciadamente puedo escoger el infierno.

El cielo:

realización plena de mi destino,
respuesta completa a mi naturaleza humana,
respuesta completa al plan de Dios,
satisfacción plena de los deseos de mi corazón.

El infierno:

frustración plena de mi destino,
desprecio de las preguntas de la vida,
fracaso de mi naturaleza humana,
decepción total de los deseos de mi corazón.

★ ★ ★

En este preciso momento,
¿qué situación estoy viviendo?,
¿de cielo o de infierno?,
¿estoy respondiendo a las preguntas de la vida?,
¿estoy buscando el camino que me realiza?

He sido hecho para el cielo.
Este es el camino que voy a seguir.

5.
Apéndices

Soy una pregunta { pasada / presente / futura } que busca respuesta en la *comunión* { conmigo mismo / con el universo / con el otro / con Dios } y que lleva a la { paz / armonía / alegría / felicidad } = **Cielo**

o por lo contrario:

Soy una pregunta { pasada / presente / futura } que no busca respuesta en la *comunión* { conmigo mismo / con el universo / con el otro / con Dios } y que lleva a la { soledad / desarmonía / tristeza / infelicidad } = **Infierno**

99

Ejercicio de programación personal

Es importante programarse. Programarse es poner en práctica las bonitas ideas que a todos se nos ocurren. Las ideas de nada valen si no se encarnan. Es necesario hacerlas nuestras, personalizarlas.

He aquí una programación personal, que dará buen resultado si se la repite todos los días durante un espacio mínimo de diez minutos.

Es muy sencilla. Basta concentrarse (por la mañana o por la noche, o en otro momento) y repetir cada pensamiento o frase varias veces. La repetición es el secreto para encarnar las ideas. Esta programación es sólo una pista. Se la puede enriquecer y personalizar más.

1. **Estoy en perfecta comunión conmigo mismo**

    — Me gusta mi físico: ojos, estatura, rostro..., todo;
    — tengo una salud estupenda, cada vez me siento mejor;
    — acepto mi pasado con todo lo que aconteció;
    — soy inteligente y resuelvo con facilidad los problemas;

— me gusta la vida, mi trabajo, todo cuanto hago;
— estoy progresando económicamente;
— tengo éxito en todo lo que hago;
— soy alegre, optimista, experimento la alegría de vivir;
— (otras programaciones).

2. Estoy en perfecta comunión con el universo

— Me gusta la lluvia, el sol, el viento, el agua, la tierra...;
— todos los fenómenos naturales son mis amigos y hermanos;
— me gustan todos los árboles, las flores, las montañas, los ríos...;
— amo a la tierra y todo lo que hay en ella;
— me gustan todos los animales, son todos amigos míos;
— el universo todo es una hermosura;
— (otras programaciones).

3. Estoy en perfecta comunión con el otro

— Acojo a todos tal como son;
— me pongo al servicio de los que me necesitan;
— soy atento y bondadoso con todos, a todos perdono...;
— escucho cuando los demás hablan;
— soy comunicativo y me entiendo bien con todos;
— soy sociable y me encuentro a gusto con la gente;
— (otras programaciones).

4. Estoy en perfecta comunión con Dios

— Sé que Dios me ama y desea mi bien;
— Dios es el sentido de mi vida;
— amo a Dios a través de mi vida;

— amo a Dios a través del universo;
— mi oración es un diálogo amigable con el Dios personal;
— soy feliz creyendo y amando a Dios...;
— (otras programaciones).

5. **¡Este es el programa de mi vida!**

— Este programa me ayuda en mi realización personal. Cada día me siento mejor y más feliz.

Indice

4. *Esta juventud magnífica...* — P. Zezinho.
5. *El amigo, ese tesoro* — Atilano Alaiz.
6. *Ser libre, un desafío* — Atilano Alaiz.
7. *El dedo y la luna* — José María Lorca.
8. *Gracias al grupo* — Atilano Alaiz.

SERIE

— Ofrece *materiales de reflexión* para educadores y padres, y para los mismos jóvenes.

OBRAS:

1. *La juventud a examen* — Carlos Díaz.
2. *Opciones para adolescentes* — R. Cuadrado/S. Martín.
3. *Un campamento en comunidad de fe* — Varios.
4. *Para ti, joven; contra ti, joven* — Carlos Díaz.
5. *Ofertas pastorales para los jóvenes de los 80* — S. Movilla.

SERIE

— Comprende *biografías* breves de personajes significados por los valores humanos y cristianos.

OBRAS:

1. *Teresa de Jesús, sonrisa a sonrisa* — C. Benito-Plaza.
2. *Un profeta de la comunicación social* — J. Bortolini.
3. *Don Bosco, un amigo del alma* — C. Benito-Plaza.
4. *Como Francisco* — A. de Simone.